Leben, Tod und Auferstehung

LEBEN, TOD UND AUFERSTEHUNG

Betrachtungen zur Passions- und Osterzeit
von Leonardo Boff,
Hans Kessler und Theodor Schneider

Patmos Verlag Düsseldorf

Selbst gegossen in toten Gips,
bist du lebendig, sprichst
und erfüllst unser Leben,
gekreuzigter Bruder!

Hängend zwischen Himmel und Erde
herrschst du.
Doch steigst du herab
in verzeihender Umarmung
zu jeglicher Strafe;
geworfen unter Klage –
gegen jede Hoffnung;
im Sieg erhöht aus deinem Tod.

Die Seite, Gitarre aus Schrei und Gesang.
Hände und Füße, zernagelt – unterwegs.
Das Haupt, geneigt zu brüderlicher Gabe.

Unwiderrufliche Liebe,
Tod besiegt den Tod für immer,
Gekreuzigter Jesus!

Pedro Casaldáliga

Das erste Wort Christi ist nicht Kreuz, und das letzte ist nicht Tod. Das erste ist Freude, und das letzte ist Leben. Jesus beginnt damit, daß er die Freude einer guten Nachricht – des Evangeliums – verkündet: die vollständige Befreiung des Menschen. In seiner Botschaft, in seinem Verhalten und in seinem Handeln bricht das Reich Gottes an. Und Freude herrscht wie bei einer Hochzeitsfeier oder bei einem großen Festmahl.

Warum diese Freude? Weil mit Jesus der Siegeszug über die uralten Todfeinde der Menschheit beginnt: Krankheit, Sünde, Tod. Er steht auf als der Stärkste, der den Starken besiegt. Er bekundet den Durchbruch des Gottesreiches bei denen, die fern sind von Gott, den Sündern, den Armen, den Erniedrigten und Beleidigten.

Jesus macht eine zutiefst kostbare Erfahrung von Gott: Er ist der Vater voll unendlicher Güte, der die Undankbaren und Schlechten liebt. Er hat eine Vorliebe für die Kleinen und Schwachen. Er ist der Gott der Sünder, des verlorenen Sohnes, des verirrten Schafes, des Zöllners, des Heiden, der Ehebrecherin. Die ersten Menschen, die das Reich des Vaters erfahren sollen, sind die Armen, die nicht zählen, weil sie im religiösen und sozialen Bereich nur wenig darstellen. Ihnen verkündet er die Freude: »Selig, ihr Armen, denn euch gehört das Reich Gottes!«

Diese Erfahrung der Güte und Barmherzigkeit Gottes macht Jesus gütig und barmherzig gegenüber allen Menschen, besonders gegenüber den von Leid und Not gezeichneten. Seine Liebe zum Vater hat seine Liebe zu den Menschen wachsen lassen. Jesus ruft sie auf: »Seid barmherzig, wie euer Vater barmherzig ist! Seid volkommen, wie euer himmlischer Vater vollkommen ist!« Er verhält sich so wie sein Vater.

Angesichts dieser Aufforderung Jesu müssen wir alle eingestehen, daß wir Fehler haben und weit vom Reich des Vaters entfernt sind. Wir müssen uns bekehren. Wenn wir nicht unsere Art, zu denken und zu handeln, ändern, wird das Gottesreich weder in unseren Herzen noch im Herzen der Welt entstehen. Die Barmherzigkeit und die Güte gegenüber allen, ganz besonders aber gegenüber den Schwächsten, macht uns frei von den Kreuzen unseres Lebens und macht die Last unseres Daseins leichter. Das Evangelium vom Reich Gottes ist eine »frohe Botschaft«, weil sie froh macht. Und sie macht froh, weil durch unsere Bekehrung die schlechte Wirklichkeit gut wird: der haßerfüllte Mensch kann lieben, der in sich Verschlossene öffnet sich voller Liebe seinem Nächsten. Dann wird es zur historischen Wahrheit, daß einer des anderen Bruder ist und tatsächlich alle Kinder des Gottes der Liebe sind. Dann beginnt das Reich des Vaters in unserer Mitte zu wachsen.

Der Kern der Botschaft Jesu liegt nicht darin, daß er das Kreuz predigt, daß er uns neue Kreuze bringt, daß er die Kreuze rechtfertigt, die einige ihren Mitmenschen auferlegen, sondern er liegt in einer Lebensführung, die versucht, den anderen keine Kreuze zu schaffen, die Gekreuzigten zu befreien und den unvermeidbaren Kreuzen unserer endlichen und sterblichen Existenz einen menschlichen und göttlichen Sinn zu geben.

Wir kennen das Drama des Lebens Jesu. Sein Angebot des Gottesreiches wurde abgelehnt. Er begegnete der Hartherzigkeit der Menschen. Das Judentum blieb in seinen gesicherten und festen Überzeugungen verhaftet, gefangen in seinen Traditionen, seiner Glaubenslehre, in seinem Gottesbild, und es verurteilte Jesus als Gotteslästerer, als angeblichen Messias und als falschen Propheten.

Jesu Verurteilung zum Tode ist die Konsequenz seines Lebens und seiner praktizierten Barmherzigkeit, mit der er die Frommen seiner Zeit gegen sich aufbrachte. Für sie ist Jesus zu weit gegangen. Sie versuchen zunächst, ihn zur Anpassung an die geltenden Gesetze zu bewegen; dann möchten sie ihn zum Schweigen bringen; danach versuchen sie, ihn dem Volk und den römischen Behörden als Feind darzustellen; sie vertreiben ihn aus der Synagoge und schließen ihn damit aus der Gemeinschaft aus; sie bringen ihn in Verruf durch die Beschuldigung, er sei ein Besessener, ein samaritanischer Ketzer, ein Schmarotzer, ein Trinker, ein Freund von Menschen schlechten Umgangs; sie bedrohen ihn mit dem Tode, so daß er vor ihnen fliehen muß; zum Schluß beschließen sie, ihn zu töten, sie nehmen ihn gefangen, foltern ihn, verurteilen ihn und kreuzigen ihn auf dem Kalvarienberg. Der Tod Jesu am Kreuz ist zuallererst ein Verbrechen.

Wie reagiert Jesus, der Mensch voller Liebe und Erbarmen? Der Evangelist Markus sagt uns, daß Jesus tief betrübt war über die Verhärtung der Herzen (Mk 3,5). Jesus erfährt, was es heißt, innerlich zerrissen zu sein. Er hört dennoch nicht auf, zu lieben und die Freude des Gottesreiches zu verkünden, die aus der Bekehrung erwächst; er glaubt weiter, daß der liebende Vater der Vater auch jener Menschen ist, die sich verschließen und ihn ablehnen.

Die Liebe zu seinen Feinden zeigt sich in der prophetischen Anklage der Hartherzigkeit, die es ihnen unmöglich macht, das Reich für sich selbst anzunehmen. Der heilige Zorn über »die Schriftgelehrten und Pharisäer« ist nicht Ausdruck der Zurückweisung der Menschen, wohl aber ihrer Geisteshaltung; es ist eine Liebe, die unruhig macht und warnt vor dem Verhängnis, das vom Sich-Verschließen ausgeht.

Die Liebe zu seinen Feinden zeigt sich aber auch als Opfer und als Angebot der Vergebung. Nicht dem Haß überläßt er das letzte Wort, sondern der Liebe, in Schmerz und Geduld. Er beschließt, nicht zurückzuweichen, nicht von seinem Vorhaben abzulassen, nicht zu fliehen, sondern sein Leben hinzugeben und sich zu opfern.

In einer Situation der völligen Ablehnung gibt es für Jesus nur den Weg des Martyriums. Er bleibt Gott treu und auch seinem Anliegen: dem Reich des Vaters. Unter diesen Umständen mußte Jesus tatsächlich sterben, wenn er sich treu bleiben wollte. Sein Tod stellt sich uns nicht so sehr als Heimsuchung dar, sondern als Ausdruck der Freiheit. Sein Tod ist ein Geschenk, ein Opfer, das er aus freiem Willen auf sich genommen hat.

Diese Opferhaltung war nicht einfach für Jesus. Er hatte eine schwere Krise durchzustehen. Er mußte das Trauma der Zurückweisung und des Todes bewältigen, bis er es schließlich in bewußter, freier Entscheidung annehmen konnte. Das Kreuz war auch für ihn eine Schande und ein Fluch, weil es die Strafe für falsche Propheten war.

Er spürt die Versuchung der Macht: Er könnte die himmlischen Legionen herbeirufen und die Feinde zerschmettern. Damit würde er die Menschen unterwerfen, er würde sie aber nicht gewinnen; und das Gottesreich würde nicht kommen, denn es kommt nur im Angebot an die

Freiheit und läßt sich nicht mit Gewalt aufzwingen.

Er spürt die Versuchung der Einsamkeit: »Ich bin betrübt bis in den Tod.« Er bitte die Apostel: »Bleibt hier und wacht mit mir!« Und er muß allein beten und sich einsam und verlassen mit dem Schreckensbild eines gewaltsamen Todes auseinandersetzen.

Er spürt die Versuchung der Treulosigkeit: »Vater, wenn es möglich ist, laß diesen Kelch an mir vorübergehen!« Oder wie der Hebräerbrief sagt: Mit lautem Schreien und unter Tränen hat er Gebete und Bitten ausgestoßen, und durch Leiden hat er den Gehorsam gelernt, hat er gelernt, treu zu bleiben (vgl. Hebr 5,7.9).

Zum Schluß spürt er die furchtbare Versuchung der Verzweiflung. Hoch am Kreuz ruft er zum Himmel: »Mein Gott, mein Gott, warum hast du mich verlassen?« Das ist die Erfahrung der Hölle, der Abwesenheit Gottes, des Flehens ohne Antwort.

Jesus überwindet alle diese Versuchungen in einer totalen Hingabe an eine erfüllte Leere: »Dein Wille geschehe!« »Vater, in deine Hände lege ich meinen Geist!«

Tod und Todeskampf waren der Preis, den er zahlen mußte für die Treue zu seiner Wahrheit. Er ließ nicht zu, daß der Tod zum Herrscher über das Leben wurde und uns sein Gesetz aufzwang.

Das Leben auf der Erde ist nicht der größte Wert. Es gibt Dinge, für die es sich lohnt, das Leben hinzugeben. Auf diese Art zu sterben ist ein höchster Wert. Es gibt ein Leben, das nicht vom Tod verschlungen werden kann, das Leben, das es akzeptiert, für Gott zu sterben, für den Nächsten und für die gerechte Sache der Armen.

Die Auferstehung offenbart die ganze Kraft dieses geopferten Lebens. Es wurde nicht besiegt, sondern in die höchste Fülle des göttlichen Lebens hineingenommen. Die Auferstehung stellt die Verwirklichung dessen dar, was Reich Gottes bedeutet. Jesu Projekt ist nicht gescheitert, es ist nicht bloße Verheißung oder reine Prophetie geblieben: es hat sich im Gekreuzigten verwirklicht. Darum ist er jetzt der Lebendige, der die Schlüssel zum Tod und zur Unterwelt in Händen hat (Offb 1,18). Mit anderen Worten: Christus erscheint als der Überwinder des Todes; er kam, um das Reich des Todes zu zerstören, darum auch liegt ihm nichts ferner, als Leiden und Kreuz zu rühmen. Denn Christus ist gestorben und lebendig geworden, um Herr zu sein über Tote und Lebende (Röm 14,9). Die Erlösungstat Christi ist ein Sieg und stellt die Herrschaft Gottes über seine Schöpfung wieder her, die von finsteren Kräften beherrscht war. Sie ist nicht in erster Linie eine Sühnetat, ein Loskauf, eine Wiedergutmachung. Sie ist eine Befreiung vom Tod zum Reich des Lebens und der Freiheit.

Tod und Auferstehung Jesu sind mit seinem Leben verknüpft. Der Tod war eine Folge des Widerstands, den sein Leben und sein Handeln hervorgerufen hatten. Die Auferstehung ist der Triumph des Lebens Jesu. Dieses Leben der völligen Hingabe und des Dienens, dieses Leben der innigen Vertrautheit mit dem Vater bis hin zur Identifikation mit ihm – es konnte nicht am Kreuz enden. Es war stärker als der Tod. Es durchdrang die Mauer des Todes und offenbarte seine ganze Macht in der Auferstehung.

Leiden (Krise), Tod und Auferstehung sind eine Einheit und stellen zusammen das österliche Geheimnis dar. Sie sind Momente eines einzigen Prozesses, Pole einer einzigen Struktur. Diese Einheit zu zerstören hieße die Einzigartigkeit Jesu Christi zu verlieren.

Wenn wir nur das Kreuz ohne die Auferstehung verkünden, werden wir am Ende den Schmerz verherrlichen und die Tränen ungetrocknet lassen. Wenn wir die Auferstehung ohne das Kreuz predigen, verfallen wir in eine verstiegene Ideologie des Lebens und vergessen die, die gelitten haben und gestorben sind. Verkünden wir also die Einheit des österlichen Geheimnisses: Jener, der verachtet und gekreuzigt wurde, er war es auch, der erhöht und aus dem Tode auferweckt wurde. Die Auferstehung hat nur einen Sinn vor dem Hintergrund von Jesu Kampf für das Leben und den lebendigen

Gott. Und der Tod am Kreuz ist nur verständlich als Verurteilung von seiten derer, die sich dem Lebensprojekt des Gottesreiches widersetzten. Jesu Ostergeheimnis enthüllt den Weg des Triumphs: Angebot des Gottesreiches, Notwendigkeit der Bekehrung, Ablehnung durch die Juden, Krise Jesu, Kreuzigung durch Menschen, Auferweckung durch Gott.

In der gegenwärtigen sündigen Situation kommt das Reich nur durch die Bekehrung oder durch das Martyrium. Sowohl Bekehrung als auch Martyrium, die vom neuen Leben gefordert werden, bedeuten einen Bruch und Leiden. Das ist der Preis für die vollkommene Befreiung. Das Kreuz kann nicht die Legitimation des Leidens sein, es ist die Empörung dagegen. Vom österlichen Geheimnis Jesu her spricht das Christentum vom Leiden nur als besiegtem Leiden, vom Tod als dem durch die Auferstehung überwundenen Tod. Wir sind nicht mehr in der gleichen Situation wie der rebellische Hiob, dem so viele Fragen unbeantwortet blieben, die aus seinem Schmerz erwachsen waren. Es gibt eine endgültige Antwort: Dank dem Sieg über den Tod können wir heiteren Sinnes und ergeben unseren Tod empfangen, weil er nicht mehr die furchtbare Schreckensgestalt ist, die uns immer bedrohte. Der Tod ist der Weg zum Vater. Er ist der österliche Augenblick, der Weg durch die Dunkelheit, die in ihrem Innern das Licht birgt.

Der Tod bringt die Sonne mit all ihrem Glanz hervor. Vom strahlenden Sonnenschein her erhält auch die Finsternis ihren Sinn und ist nicht mehr gänzlich absurd.

Die Geschichte Jesu ist ein Paradigma für die Weltgeschichte auf ihrem Weg zum ewigen Reich. Diese Geschichte läuft nicht geradlinig auf ihr gutes Ende zu. Sie kommt voran durch Krisen und Schwierigkeiten hindurch. Das Reich des Nicht-Menschen organisiert sich in seiner Ablehnung und in seinem Widerstand gegen das Reich Gottes. Und dieses wiederum entsteht gegen das Anti-Reich. Gottes Gerechtigkeit zeigt uns einen Weg aus der Enge der Unterdrückung. Die Befreiung geschieht in der beschwerlichen Überwindung von Zwängen.

Bei all diesem Bemühen kommt es zu Konflikten, Zerrissenheit, zu unzähligen Opfern und zum Martyrium. Das Leiden, das der Mensch im Kampf gegen das Leiden und in der Aussicht auf seine Überwindung auf sich nimmt, ist ehrenvoll und würdeverleihend.

Die Geschichte gestaltet sich, im Licht des österlichen Geheimnisses betrachtet, in dem Kampf Christi mit dem Anti-Christ. Der glückliche Ausgang und die Geburt des neuen Himmels und der neuen Erde gehen durch die Wehen der kosmischen Geburt hindurch, die schließlich die gesamte Schöpfung läutert. Diese Betrachtungsweise befreit uns von jedem naiven Evolutionismus. Alles deutet darauf hin, daß im Saatgut der Geschichte Spreu und Weizen immer zusammen wachsen bis zum letzten Zusammenprall, wenn es zur endgültigen Synthese kommt. Die Auferstehung wird für alle Zeit über den Tod triumphiert haben, und es wird das Reich des Friedens und der Freiheit der Kinder Gottes herrschen.

Jede menschliche Existenz ist von der österlichen Dynamik durchformt. Alles hat seinen Preis. Das Leben ist nie fertig. Es ist eine Aufgabe, die jeden Tag neu angegangen werden muß. Hindernisse müssen überwunden werden. Wünsche werden enttäuscht. Jeder muß für sich lernen, wie man verzichtet und wie man annimmt und den Weg zu mehr Menschlichkeit bahnt. Wie oft stellen wir fest, daß es in der Welt und in unserem eigenen Herzen Dimensionen gibt, die sich nur offenbaren und unser Leben bereichern, wenn uns das Leiden wie ein Messer durchbohrt und die Krisen uns von so manchem angehäuften Schutt befreien.

Die Krisen sind ein Teil der Struktur des Lebens, das in ständigem Wachstum begriffen ist. Sie sind eine Möglichkeit, zu neuen Horizonten vorzudringen. Eine existentielle Ordnung, die wir unter Schmerzen aufgebaut hatten, beginnt sich aufzulösen; sie kann den neuen Erfahrungen, die wir jetzt machen, einfach keinen Sinn mehr geben. Die

Leitsterne auf unserem Weg verdunkeln sich. Wir geraten in die Krise; wir fühlen uns bedroht und ziellos; ein geheimes Leiden, Bitterkeit und Hoffnungslosigkeit quälen unser Herz. Doch dann ergibt sich eine einzigartige Chance, unser Leben zu läutern; übrig bleibt nur, was wirklich zählt, der Kern, die Grundintuitionen. Die Entscheidung erschließt neue Räume und schafft eine lebendige Synthese, die unser Dasein beflügeln kann. Es war eine Erfahrung von Leiden, Tod und Auferstehung.

Diese österliche Struktur prägt den Weg eines jeden Menschen, ganz besonders aber die christliche Existenz, die von einer Begegnung mit Gott zur nächsten fortschreitet. Wir entdecken uns umhüllt von dem Geschenk des Lebens, das von einem Sinn getragen und durchzogen ist, den wir nicht selbst geschaffen haben; dies ist die Erfahrung der Gnade Gottes. Aber sogleich ertappen wir uns als Sünder und Verräter; wir klammern uns an uns selbst fest; wir fühlen uns unfähig, uns selbst den anderen als Geschenk zu geben; subtile Bosheit sickert in fast alle unsere Gesten. Wir verurteilen uns zu uns selbst. Doch in dem Augenblick, in dem wir aufrichtig mit uns selbst sind und den Sünder Adam, der in uns ist, wahrnehmen und annehmen, hören wir auch die Botschaft des Befreiers Jesus: »Geh hin in Frieden, deine Sünden sind dir vergeben!« Wir stehen auf, um neu zu beginnen, und genießen wieder die Gnade des Seins. Und wieder merken wir, daß wir fallen. Wir erleben den Tod in uns. Wenn wir uns ergeben, ganz im Vertrauen auf die starken Arme des Vaters der unendlichen Liebe, dann stehen wir wieder auf zu seiner Freundschaft und zur Freude am Leben. In der Erfahrung der Hölle, des Fegefeuers und des Himmels, leidend, sterbend und auferstehend bauen wir an unserer Begegnung mit Gott.

In jedem wirklichen Befreiungsprozeß machen wir die gleiche österliche Erfahrung. Die Suche nach mehr Gerechtigkeit für alle hat der Verleumdung, Verfolgung, Folter und nicht selten dem gewaltsamen Tod standzuhalten. Die Systeme verschließen sich in sich, ihre Vertreter erweisen sich als Gewalttäter und töten die Propheten und solche, die nach Befreiung der Unterdrückten streben. Wie also die Erlösung Christi nicht ohne Blutvergießen geschah, so vollzieht sich auch die Befreiung der Unterdrückten nicht ohne Martyrium. Doch der Tod dieser Märtyrer führt zum unausweichlichen Sieg der Freiheit.

Wie sagten schon die frühen Christen: »Mehr zählt der Ruhm eines gewaltsamen Todes als der Genuß einer schandebeladenen Freiheit.« Der Märtyrer für die Sache der Freiheit, der aus freiem Willen zu sterben entschlossen ist, kämpft gegen die Situation der Unterdrückung, er macht sich zum Sakrament eines Lebens, dessen Würde allen

Unterdrückern zum schlechten Gewissen wird. Nur scheinbar zerstört der Weg des Kreuzes den Menschen; in Wahrheit bringt er ihm mehr Würde und Größe; im Lichte des österlichen Geheimnisses Jesu erfahren wir, daß das Kreuz die Auferstehung bringt und damit den endgültigen Sieg des Lebens und der Freiheit.

Jede menschliche Existenz, so gering und unbedeutend sie auch sein mag, steht unter dem österlichen Zeichen. Auch sie ist aufgerufen, zu wachsen, sich zu öffnen und reifer zu werden vor Gott und den Menschen. Bei diesem Bemühen spürt sie die Dornen der Krise, geht durch dunkle, finstere Nächte hindurch, um in den beglückenden Lichthorizont treten zu können, der jeden Winkel unserer irdischen Wohnung erhellt.

Wer alles beherzt angeht, mutig weiter glaubt und beharrlich die Flamme der Hoffnung am Leben erhält, der findet Gründe zu leben und weiß auch, warum er stirbt. In ihm ist das Leben stärker als der Tod, denn er hat ihn schon durchgemacht und hinter sich gelassen.

Leonardo Boff

Der Mensch ist ein Knotenpunkt verschiedenster Beziehungen und Impulse, die aus allen Richtungen kommen und in alle Richtungen gehen. Er läßt sich nicht bloß auf diesen oder jenen Gegenstand, sondern nur auf die Gesamtheit der Objekte fixieren. Aus diesem Grund kann er sich nicht mit begrenzten Räumen zufriedengeben, sondern kritisiert sie und protestiert gegen jede Art von geschlossener Welt. Im Menschen steckt nicht nur das *Sein,* sondern vor allem auch ein *Sein-Können.* Der Mensch ist *Projektion* und Tendenz nach einem Immermehr, einem Unbekannten, einem *Novum,* nach dem *Noch-Nicht.* Das Beste ist immer nur ein Entwurf, und jede Ankunft bedeutet bereits einen neuen Aufbruch. Der vollkommene Mensch, der am Ende seiner Menschwerdung angelangt wäre, muß erst noch geboren werden. In jedem von uns wohnt der *homo absconditus,* der noch verborgene Mensch der Zukunft. Jeder konkrete Mensch erweist sich als eine unbegrenzte Offenheit, die freilich an die Enge der – ihn nie ausschöpfenden – Konkretion gebunden bleibt. So erfährt sich der Mensch als ein Wesen, das fertig ist und mit dem zugleich noch viel geschehen muß. Diese Erfahrung vermittelt jedem den Begriff des Neuen, der Grenzenlosigkeit, des Verborgenen und des Offenkundigen, des Geheimen und des Geoffenbarten, der Antizipation und der vollen Verwirklichung. Moderne Philosophen haben diese unstillbare Dynamik des Menschen »Prinzip Hoffnung« genannt. Seine Ausdrucksform ist das utopische Denken. Utopie meint keinen Widerspruch zur Realität. Im Gegenteil: Utopie gehört zur Wirklichkeit dazu, insofern sie das Sein-Können, die Potentialitäten des Menschen benennt, die zwar real, geschichtlich aber noch nicht konkretisiert sind, die auf Zukunft hin entworfen sind und dort dann voll realisiert sein werden. Allerdings setzt Utopie nicht beim Nullpunkt an, sondern artikuliert die noch unerfüllten Wünsche des menschlichen Herzens.

Auf dieser Ebene wird nun die beängstigende Frage unumgänglich, ob die Utopie denn auch in Erfüllung gehen wird. Wird der Mensch im Laufe des Lebens seine Dynamik nur teilweise realisiert sehen, oder wird er doch noch erleben, daß sie eines Tages voll ihr Ziel erreicht? Ist der Mensch wirklich nur ein Prometheus oder Sisyphus, das heißt ein Hoffen, das nie erfüllt wird? Oder wird die Utopie eines Tages doch zur umfassenden Topie? In Anbetracht dieser radikalen Frage sind nur zwei Positionen möglich: Entweder man bestreitet, daß das Suchen einen Sinn hat, und verurteilt damit den Menschen zu einem Hoffen, das niemals seines Zieles habhaft wird, oder man hält die Utopie für wahr und sieht in den innergeschichtlichen Sinnelementen antizipierende Zeichen einer zukünftigen Sinnfülle. Glauben haben besagt, in seiner letzten Radikalität, einen nicht mehr hinterfragbaren Sinn (Gott) erkennen, bei dem alles Suchen zur Ruhe kommt, und eine absolute Zukunft (Gott) behaupten, in der alle Impulse, die den Menschen innerlich und äußerlich bewegen, zusammenfließen. Wo Hoffnung ist, ist Religion, sagt der bedeutendste Vertreter des utopischen Denkens, Ernst Bloch, mehrmals in seinem Werk »Das Prinzip Hoffnung«. Religion aber ist die sozio-kulturelle Ausdrucksform des menschlichen Glaubens und der menschlichen Hoffnung.

In diesem Horizont ist das Christentum mit der Radikalität seines Anliegens angesiedelt. Es will nämlich als die Ankündigung und Bezeugung der Tatsache verstanden sein, daß der neue Mensch schon im Entstehen ist. Christentum ist von dem Bewußtsein durchdrungen, daß der *homo revelatus* gekommen ist, der eschatologische Adam (Röm 5,12–19; 1 Kor 15,44), das heißt: der vollkommene und ganzheitlich realisierte Mensch. Der christliche Glaube stellt den auferstandenen Jesus als den Abgelehnten und Gekreuzigten dar, in dem die Utopie zur Topie wurde und der die Geschichte zu ihrem Ziel führte. In ihm wurde die verborgene Wirklichkeit des Menschen in ihre volle Offenkundigkeit hineingeboren. Der Unterdrückte erbt das Leben in Fülle. Deshalb darf man die Auferstehung Jesu auch nicht als bloße Wiederbelebung seines Leichnams oder als Rückkehr in sein früheres Leben, sondern muß sie als die umfassende und erschöpfende Verwirklichung der im Menschen latent vorhandenen Möglichkeiten verstehen: der Chancen zur kosmischen Gemeinschaft mit allen Seinsformen und der Möglichkeiten zur Überwindung all der Zwänge, die unsere irdische Existenz und vor allem die der Verarmten der Geschichte heute noch an die Kette legen und uns die Herbeiführung einer radikalen Gemeinschaft mit der Gottheit und die volle Menschwerdung vereiteln.

Im Mittelpunkt des christlichen Glaubens steht das Zeugnis von der Auferstehung. Für die Geschichte ist sie das entscheidende Ereignis, weil sie den letzten Sinn des Lebens offenbart, insbesondere für alle, die Opfer von Ungerechtigkeiten wurden. Das Leben ist zum Leben berufen und nicht zum Tod. Das jedenfalls ist der Plan des Schöpfers. So kann Paulus treffend formulieren: »Ist aber Christus nicht auferweckt worden, dann ist unsere Verkündigung leer und euer Glaube sinnlos« (1 Kor 15,14). »Wenn Tote nicht auferweckt werden, dann laßt uns essen und trinken, denn morgen sind wir tot« (1 Kor 15,32). »Nun ist aber Christus von den Toten auferweckt worden . . ., so werden in Christus alle lebendig gemacht werden« (1 Kor 15,20–22). Der christliche Glaube bezeugt nicht nur die Auferstehung Christi, sondern behauptet auch, daß wir selbst auferweckt werden. Christus ist der erste unter vielen Brüdern (Röm 8,29; 1 Kor 15,20; Kol 1,18).

Das Christentum zelebriert also nicht die Erinnerung eines toten Helden, sondern die ewige Gegenwart des lebenden und lebendigmachenden auferstandenen Jesus, der unsere Hoffnung (Kol 1,27) ist. So sagt Augustinus: »Christus verwirklichte, was für uns noch Hoffnung ist. Wir sehen nicht, was wir erhoffen. Aber wir sind der Leib des Hauptes, an dem schon das Wirklichkeit geworden ist, was wir noch erhoffen« (Sermones, 157,3). Christus nimmt in der Geschichte das vorweg, wozu das Leben aller bestimmt ist.

Dem christlichen Glauben eignet eine gewaltige anthropologische Relevanz; denn er behauptet nicht nur, daß Christus auferweckt wurde, sondern kündigt auch die Auferweckung alles sterblichen Fleisches an, vor allem aber derer, die um derselben Sache willen wie Jesus umkamen. Wann aber wird diese Auferweckung stattfinden? In der klassischen Theologie hieß es, die Auferstehung sei ein eschatologisches Ereignis, das darum am Ende der Geschichte stattfinde. Indessen weiß man heute aufgrund eingehenderer

Untersuchungen zur Theologie des Paulus und des Evangelisten Johannes, daß die Auferstehung ein schon jetzt gegenwärtiges Geschehen ist. Wer mit Christus in Einheit lebt, hat auch teil an seinem Auferstehungsleben. Auferstehung ist etwas, was in jedem heranwächst, der den Anrufen des Geheimnisses, und das heißt Gottes, treu nachkommt. Im Tode gelangt dann diese Dynamik des neuen und auferweckten Lebens zu ihrer Fülle: »Wenn der Geist dessen in euch wohnt, der Jesus von den Toten auferweckt hat, dann wird er auch euren sterblichen Leib lebendig machen durch seinen Geist, der in euch wohnt« (Röm 8,11). Die Auferstehung findet am Ende der Welt jedes einzelnen Menschen statt, das heißt in seinem Tod. Diese Auffassung wird inzwischen von einer immer größeren Schar christlicher Theologen vertreten.

Auferstehung im Tod bedeutet nicht, daß die materielle Identität unseres Körpers aufersteht, sondern die personale Identität. Abgesehen von einigen Nervenzellen erneuert sich im Laufe von sieben Jahren die gesamte Materie des menschlichen Körpers. Gleichwohl sagen wir, wir hätten denselben Körper, der uns bei der Geburt geschenkt wurde. Obschon die materielle Identität wechselt, bleibt die personale Identität. Diese, die freilich nicht losgelöst ist von der materiellen Welt, ersteht im Tod auf. Der Mensch gewinnt eine neue Beziehung zur Welt und seine volle Präsenz in ihr. Er verläßt nicht die Welt, sondern dringt tiefer in sie ein, und sein Personkern gelangt zur Fülle des Lebens, das heißt, er ersteht auf. Allerdings ist diese persönliche Auferstehung noch nicht vollkommen, denn solange der Kosmos noch nicht zu seiner Fülle gefunden hat, kann auch der Mensch, der ja zum Kosmos gehört, noch nicht zur Gänze auferstanden sein.

Am Ende seines irdischen Lebens hinterläßt der Mensch einen Leichnam. Dieser erinnert an einen Kokon, aus dem zunächst die Puppe geschlüpft war, die sich ihrerseits aber zum Schmetterling, zur Fülle des Lebens entwickelt hatte. Die anthropologische Grundbotschaft des Christentums kann man auf folgende Formel bringen: Der Nichtmensch wird den neuen Menschen heraufführen. – Das Leiden (Karfreitag) schafft die höchste Form des auferweckten Lebens (Ostern). – Oder schließlich: Wir werden nicht geboren, um zu sterben, sondern wir sterben, um aufzuerstehen. In dieser Gewißheit messen wir unserem Leben und Sterben einen Sinn bei, erwarten die Auferstehung des Fleisches und sehnen uns nach dem ewigen Leben.

Leonardo Boff

Um die volle theologische Dimension jenes Geschehens zu eröffnen, das in den knappen Worten »gekreuzigt, gestorben und begraben« umrissen ist, müßte eine ausgeführte Theologia crucis aus den vielen Aussagen der Schrift und der Glaubensgeschichte zusammengestellt werden. Aus dieser umfänglichen Gesamtthematik sollen im Folgenden nur drei Gesichtspunkte ausgewählt werden, die mir für einen heutigen Zugang besonders wichtig erscheinen.

Es ist eine eigenartige Erfahrung aus Glaubensgesprächen, daß nahezu regelmäßig, wenn die Rede auf die theologische Bedeutung des Kreuzestodes Jesu kommt, zunächst ein Verstehenshindernis aus dem Weg geräumt werden muß, damit der Zugang zu der ursprünglichen, das heißt biblischen Sicht überhaupt frei wird. Dieses Haupthindernis ist die in der Regel vergröbert übernommene »Satisfaktionstheorie« aus der Schrift »Cur Deus homo« (Warum Gott Mensch wurde) des Anselm von Canterbury († 1109).

»Es gibt wohl keine theologische Theorie, die so leidenschaftlich umstritten ist und die doch – obwohl nie Gegenstand verpflichtender Kirchenlehre – das Glaubensbewußtsein so vieler Christen geprägt hat wie die Erlösungslehre Anselms von Canterbury« (G. Greshake). Für viele Christen ist aufgrund einer fast formelhaften »Kreuzestheologie« in den Katechismen folgender Gedankengang nahezu selbstverständlich geworden: Bei der Wiederherstellung der Ehre und der Rechte des durch die Sünde der Welt beleidigten Gottes kann der unendlich Beleidigte nur durch eine unendliche Sühne, nämlich die des Gottmenschen, versöhnt werden. Der blutige Kreuzestod Jesu erscheint auf diese Weise als die Folge der ehernen Logik eines genauen Ausgleichs zwischen Soll und Haben. Damit aber rückt die gottmenschliche Sühne in ein ganz unheimliches Licht: »Von manchen Andachtstexten her drängt sich dem Bewußtsein dann geradezu die Vorstellung auf, der christliche Glaube an das Kreuz stelle sich einen Gott vor, dessen unnachsichtige Gerechtigkeit ein Menschenopfer, das Opfer des eigenen Sohnes, verlangt habe. Und man wendet sich mit Schrecken von einer Gerechtigkeit ab, deren finsterer Zorn die Botschaft von der Liebe unglaubwürdig macht. So verbreitet dieses Bild ist, so falsch ist es« (J. Ratzinger).

In der Bibel erscheint das Kreuz nicht als eine Aufrechnung des beleidigten göttlichen Rechts. Ganz im Gegenteil, in der Kreuzestheologie der Heiligen Schrift werden diese gängigen Erlösungs- und Sühnevorstellungen gewissermaßen auf den Kopf gestellt. Das wird in der frühesten

Phase der Christusverkündigung zunächst dadurch eingeleitet, daß in der sogenannten Kontrastformel die Schuld der Menschen an Jesu ungerechter Kreuzigung betont wird und die Auferweckung durch Gott als die Überwindung dieses menschlichen Versagens gesehen ist: So spricht Petrus vor den jüdischen Ältesten und Schriftgelehrten von Jesus dem Christus, »den ihr gekreuzigt habt und den Gott von den Toten auferweckt hat« (Apg 4,10). Hier werden Kreuz und Auferweckung also zunächst noch kontrastierend einander gegenübergestellt: Das eine geht zu Lasten der damit schuldig gewordenen Menschen, das andere auf das Konto des rettenden Gottes.

Sehr bald aber wird auch die »Haltung« Gottes gegenüber dem Kreuz selber in das Nachdenken einbezogen; nun wird sofort deutlich, daß eine Verbindungslinie gesehen und gezogen wird nicht vom Kreuz auf Gott hin, sondern von Gott über das Kreuz auf uns hin, eine Linie also, die »von oben nach unten« geht. Gottes Anteilnahme am Kreuzesgeschehen wird zunehmend als Initiative Gottes gesehen, in der eine Bewegung von ihm zu uns geschieht. In den gängigen Sühnevorstellungen der außerchristlichen Religionsgeschichte geht es generell um die Bereinigung des gestörten Verhältnisses zu Gott durch sühnende Handlungen der Menschen, also darum, die

Schuld und das Schuldbewußtsein aufzuarbeiten durch Sühneleistungen, die Menschen Gott anbieten, Handlungen und Sühneriten, mit denen die Gottheit gnädig gestimmt werden soll. In der neutestamentlichen Verkündigung des Kreuzes als Heilsgeschehen ist die Blickrichtung genau umgekehrt: Nicht der Mensch bringt Gott eine diesen versöhnende Gabe, sondern Gott selbst kommt auf die Menschen zu, um seinerseits den Menschen Versöhnung anzubieten und zu bewirken. Die unbegreifliche Liebe Gottes ergreift die Initiative, wagt den Abstieg in die Niederungen menschlichen Hasses und fanatischer Verblendung, um selbst das gestörte Verhältnis wieder herzustellen, indem Gott durch sein schöpferisches Erbarmen unsere Ungerechtigkeit auffängt. Seine Gerechtigkeit ist gerade nicht Aufrechnung und Sühneforderung, sondern unverdiente, gnädige Zuneigung. In einem frühen Traditionsfragment, das Paulus in seinen Römerbrief aufgenommen hat, ist diese Verbindung des Sühnegedankens mit der Initiative Gottes schon ausgedrückt, also Versöhnung als Handeln Gottes auf uns hin beschrieben: »Ohne eigenes Zutun werden sie gerecht, dank seiner Gnade, durch die Erlösung in Christus Jesus. Ihn hat Gott öffentlich aufgestellt, als Sühnemal (Sühneort, hilastērion) – durch Glauben – in seinem Blut, zum Erweis seiner Gerechtigkeit um der Vergebung der Sünden willen« (Röm 3,24 f). Gott handelt in Jesu Schicksal für uns und auf uns hin! Dieser Grundgedanke ist der durchgängige rote Faden der Kreuzestheologie des Paulus: »Ja, Gott war es, der in Christus die Welt mit sich versöhnt hat, indem er den Menschen ihre Verfehlungen nicht anrechnete . . . Gott ist es, der durch uns mahnt. Wir bitten an Christi Statt: Laßt euch mit Gott versöhnen . . .« (2 Kor 5,19 f). Läßt sich deutlicher die Linie von oben nach unten ziehen, die Priorität des Handelns Gottes im Sühnegeschehen ins Bewußtsein rufen? Die frühe christliche Verkündigung versteht das Ereignis des Kreuzes primär als ein von Gott zugelassenes äußeres Geschehen, das er selber mit ganz unerwartetem Inhalt füllt, indem er es zum Zeichen seiner Liebe macht, zum Ausdruck seiner grenzenlosen Güte und Gewaltlosigkeit, zum Erweis seiner Bereitschaft, auf dem Weg zu uns bis zum Äußersten zu gehen, bis zum schmählich gewaltsamen Tod dieses seines Boten, den die verblendeten Menschen ihm antun: »Gott hat seine Liebe zu uns darin erwiesen, daß Christus für uns gestorben ist, als wir noch Sünder waren« (Röm 5,8). Und das späte Johannesevangelium sagt die gleichen Gedanken so: »Denn Gott hat die Welt so sehr geliebt, daß er seinen einzigen Sohn hingab, damit jeder, der an ihn glaubt, nicht zugrunde geht, sondern das ewige Leben hat« (Joh 3,16).

»Demgemäß erscheint im Neuen Testament das Kreuz primär als eine Bewegung von oben nach unten. Es steht nicht da als die Versöhnungsleistung, die die Menschheit dem zürnenden Gott anbietet, sondern als Ausdruck jener törichten Liebe Gottes, die sich weggibt, in die Erniedrigung hinein, um so den Menschen zu retten; es ist *sein* Zugehen auf uns, nicht umgekehrt. Mit dieser Wende in der Sühne-Idee, also in der Achse des Religiösen überhaupt, erhält im Christlichen auch der Kult, die ganze Existenz, eine neue Richtung. Anbetung erfolgt im Christlichen *zunächst* im dankenden Empfangen der göttlichen Heilstat. Die wesentliche Form des christlichen Kultes heißt daher mit Recht Eucharistia, Danksagung. In diesem Kult werden nicht menschliche Leistungen vor Gott gebracht; er besteht vielmehr darin, daß der Mensch sich beschenken läßt; wir verherrlichen Gott nicht, indem wir ihm vermeintlich aus dem Eigenen geben – als ob es nicht immer schon das Seinige wäre! –, sondern indem wir uns das Seinige schenken lassen und ihn dadurch als den einzigen Herrn anerkennen. Wir beten ihn an, indem wir die Fiktion eines Bereichs fallen lassen, mit dem wir uns wie selbständige Geschäftspartner ihm gegenüberstellen könnten, während wir doch in Wahrheit nur in ihm und von ihm her überhaupt sein können. Christliches Opfern besteht nicht in einem Geben dessen, was

Gott ohne uns nicht hätte, sondern darin, daß wir ganz Empfangende werden und uns ganz nehmen lassen von ihm. Das Handelnlassen Gottes an uns – das ist das christliche Opfer« (J. Ratzinger).

»Was ergibt sich nun, wenn wir das alles bedenken?«, so fragt Paulus im Römerbrief: »Er hat seinen eigenen Sohn nicht verschont, sondern ihn für uns alle hingegeben. Hat er uns mit ihm nicht alles geschenkt? . . . Wenn Gott aber für uns ist, wer ist dann gegen uns?« (Röm 8,31).

So wichtig es ist, diese grundlegende Perspektive zunächst einmal wieder zu Bewußtsein und zur Geltung zu bringen, so wenig dürfen wir dabei die Rolle und Bedeutung der menschlichen Annahme und Antwort unterschlagen. Von der betonten Priorität der »absteigenden Linie« werden ja auch im Neuen Testament die gegenläufigen »aufsteigenden« Aussagen keineswegs verschlungen. Jesu Menschsein ist ja kein willenloses Werkzeug göttlicher Aktivität; Jesu menschlicher Selbstvollzug ist in seiner Sendung und in seiner Beziehung zum Vater voll beansprucht, er wird gewissermaßen zur »Leibhaftigkeit« des Neuen Bundes zwischen Gott und Mensch. Die vorbehaltlose Hinwendung des Menschen Jesus zu seinem Vater, vor allem sein grenzenloses Vertrauen angesichts des schändlichen Untergangs, ist ganz ernst zu nehmen und zu verstehen als Akt höchster Gottesverehrung. Auch hier gebraucht das Neue Testament gezielt »kultische« Terminologie, angewandt nun auf die liebende Selbsthingabe des Menschen Jesus an den himmlischen Vater: In seiner Selbsthingabe »für uns« (!) wird Christus zugleich »Gabe und Opfer, das Gott gefällt« (vgl. Eph 5,2). Denn sein Sterben in die Hände des Vaters hinein ist zugleich die Antwort, das Annehmen und Bejahen der vorgängigen Zuwendung Gottes.

Was ist das für ein einmaliges »Opfer«, in welchem liebende Zuwendung Gottes und restlose Hingabe des Menschen in eins zusammengehen? Wie lassen sich beide Aspekte überhaupt miteinander verbinden? Die Theologie des Hebräerbriefes kann uns den Weg weisen zu einem unverfälschten Verständnis. Von Anfang an haben die Christen die Bilder, Begriffe und prophetischen Worte des Alten Testaments zu Hilfe genommen, um das Schicksal Jesu Christi zu deuten und in die Heilsgeschichte einzuordnen. Der Hebräerbrief versucht das nun ganz dezidiert, indem er die alttestamentliche Kulttheologie heranzieht, um den Tod Jesu am Kreuz zu deuten. Der Ritus des jüdischen Versöhnungsfestes und die darin sich aussprechende Theologie werden herangezogen, um den Kreuzestod Jesu als das wahre kosmische Versöhnungsfest darzustellen.

Alle menschlichen Versuche, durch rituelles Kulthandeln Gott zu versöhnen, so argumentiert der Hebräerbrief, mußten hilfloses Menschenwerk bleiben, denn Tiere und Sachen gehören Gott ohnedies. Schon der Psalm 50 sagt: »Mein ist die Welt und was sie erfüllt, soll ich denn das Fleisch von Stieren essen und das Blut von Bökken trinken? Bring Gott als Opfer dein Lob und erfülle dem Höchsten dein Gelübde« (Ps 50,12f). In Fortführung dieses Gedankens betont der Verfasser des Hebräerbriefs mit Nachdruck die Vergeblichkeit all dieser rituellen Bemühungen. Gott sucht nicht das Blut von Böcken und Stieren, sondern das »Herzblut« des Menschen. Kein stellvertretendes Tieropfer ersetzt das freie Ja der Liebe des Menschen. Da aber genau auf dieser seltsamen Idee des Aufwiegens, des Ersatzes und der Stellvertretung durch Sachen und Tiere der ganze vorchristliche Kult aufgebaut war, zieht der Hebräerbrief das Fazit: Alles das ist vergeblich, allenfalls handelt es sich um »äußerliche Vorschriften, die bis zu der Zeit einer besseren Ordnung auferlegt worden sind« (Hebr 9,10). Dann aber legt er im einzelnen dar, inwiefern in Jesus Christus und in seinem Sterben, das die Aufgipfelung seines ganzen Lebens darstellt, die neue und endgültige Form des Kultes, der endgültige Gottesdienst geschieht. Und er versteht tatsächlich Jesus als den neuen und endgültigen

»Hohenpriester« und seinen Tod als das eigentliche und unüberbietbare »Opfer«, das ein für alle Mal geschehen ist und alle weiteren Opfergaben wegen der Sünde erübrigt, wie es wörtlich heißt (Hebr 10,18). Diese Denk- und Sprechweise ist keineswegs so selbstverständlich, wie sie uns durch die Gewöhnung scheinen mag. Jesus war religionsgeschichtlich gesehen, das heißt nach jüdischem Gesetzesverständnis, »Laie«, er gehörte ja nicht zum priesterlichen Stamm Levi, und sein »priesterliches Handeln« am Kreuz ist, von außen betrachtet, alles andere als ein kultisches Geschehen. Es ist die schmähliche Hinrichtung eines »Verbrechers«, innergeschichtlich betrachtet ein rein profanes Geschehen, in Wirklichkeit aber, sagt der Hebräerbrief, die universale, weltumspannende Liturgie, weil sie nicht im verborgenen Innenraum des steinernen Tempels geschieht, sondern vor aller Weltöffentlichkeit: Jesus tritt in den »nicht von Menschenhand gemachten Tempel«, nämlich in den Bereich Gottes, ein, nicht mit dem Blut von Böcken und Stieren (wie der Kultdiener des Alten Bundes), sondern mit seinem eigenen »Blut«, Priester und Opfergabe zugleich, sich selbst opfernd, sich selbst zur Gabe machend. Spätestens hier kommt der Grundgedanke des Briefes deutlich zum Vorschein: Das Geschehen am Kreuz hat allen Ersatz beiseite geschoben und die Wirklichkeit gesetzt: Er gibt sich selbst. Alle Sach- und Tieropfer sind vorüber, an ihrer Stelle steht nun die Selbsthingabe der Person, das eigene Ich. Wenn der Hebräerbrief sagt, Jesus habe »mit seinem eigenen Blut« die Versöhnung vollzogen (Hebr 9,12), dann darf diese Ausdrucksweise nicht wieder dinglich mißverstanden werden! In der biblischen Ausdrucksweise heißt sein Blut vergießen soviel wie einen gewaltsamen Tod sterben. »Denn das Leben aller Wesen aus Fleisch ist das Blut, das darin ist« (Lev 17,14). Dementsprechend ist »Blut« auch hier das Bildwort, die Chiffre für seinen blutigen Tod, vor dem Jesus nicht ausweicht, den er auf sich nimmt als letzten Ausdruck seiner Bereitschaft, alles Eigene, sich selbst, sein Leben preiszugeben im Dienste seiner Sendung.

»Blut Jesu« ist also die unüberbietbare Konkretisierung seiner grenzenlosen Liebe zu uns sowie seines abgründigen und restlosen Vertrauens auf den Vater in dieser scheinbar völlig ausweglosen Situation. Die Hinrichtung Jesu am Kreuz – die von außen gesehen das Werk sündiger Menschen ist – kann also gerade deshalb zum Zeichen der unbegreiflichen Güte Gottes für uns werden, weil die Innenseite dieses Sterbens geprägt ist durch seine menschliche Bereitschaft zum selbstlosen und vorbehaltlosen Einsatz »für die Brüder« als Bote des Vaters. Diese Bereitschaft des Menschen Jesus, seine Selbsthingabe, ist also gewissermaßen das unscheinbar-kostbare Gefäß, in welchem die Liebe Gottes sich sammeln und von dem – da es im Tode zerbricht – sie sich ausgießen und auf uns überströmen kann. In diesen Kult der Selbsthingabe des Sohnes sollen wir Christen eintreten und einbezogen werden: Die Kirche, die den Tod des Herrn verkündet, ist aufgefordert, sich mit diesem zu verbinden. Sie soll nicht nur vom Opfer wissen und sprechen, sie soll sich von ihm erfassen lassen. Im Mitsterben mit ihrem Herrn soll sie bereitet werden für das Mitauferstehen. Die Liebe Gottes zu uns sollen wir beantworten, indem auch wir uns zu Liebenden machen lassen. Hier gewinnt die Gedächtnisfeier seines Todes und seiner Auferstehung, die Eucharistiefeier, als Brennpunkt kirchlichen Lebensvollzuges entscheidende Bedeutung: Dadurch, daß wir in die Gemeinschaft seines Leibes (vgl. 1 Kor 10,16 f) einbezogen werden, gewinnt die durch die Taufe grundgelegte kultische Qualifikation unserer ganzen Existenz (vgl. Phil 2,17; Röm 15,16) eine erneute Bekräftigung und Vertiefung! In dem Maße, wie wir als Kirche Leib Christi werden und sind, lassen wir uns selbst durch ihn und mit ihm und in ihm zur Opfergabe machen. Alle Rede von der Eucharistie als dem vergegenwärtigenden Gedächtnis des Kreuzesopfers muß sich ausrichten an dieser neuen »Kulttheologie« des Hebräerbriefes. Dadurch wird die Eucharistiefeier existentiell anspruchsvoll: So werden wir vereint mit unserem Herrn . . . und bieten uns selbst in einem lebendigen und heiligen Opfer dar, das in unserem ganzen alltäglichen Leben zum Ausdruck kommen muß. Christlicher »Kult des Lebensopfers« im Anschluß an Jesus Christus ist also die Realisierung des Neuen Bundes, der liebenden Verbindung von Gott und Mensch. Der Gedanke des Lebensopfers, der aus der neutestamentlichen Personalisierung des Kultes entspringt, umschließt also ein gegenläufiges Zueinander: Zunächst geht es um die Zuwendung des Vaters zu uns: Er schenkt uns seinen Sohn. Diese »absteigende« Liebesbewegung des Vaters zu allen Menschen will uns aufnehmen und mitziehen: Eingliederung in den hingegebenen Leib Christi zielt auf den Einsatz auch unseres Lebens für die Brüder und Schwestern (vgl. 1 Joh 3,16) im Dienst an der Verkündigung des Evangeliums (vgl. Röm 15,16) und in Ausübung des Dienstes der Versöhnung (vgl. 2 Kor 5,18–20). Aber christlicher Kult umschließt immer auch die gegenläufige, »aufsteigende« Bewegung, die Richtung des Menschensohnes auf den Vater hin, sein vertrauensvolles Sichüberantworten an den Willen des Vaters. Und auch in diese Bewegung des Sohnes auf den Vater hin will sein Heiliger Geist uns hineinziehen: Wenn wir in Angst und Anfechtung, in Dunkelheit und Ungewißheit in der Gewißheit seiner Nähe einstimmen in sein Vertrauen zum Vater, dann ist Nachfolge Jesu, dann ist vor allem jede Eucharistiefeier zuversichtliche, hoffnungsvolle Hingabe der Brüder und Schwestern Jesu Christi, der Glieder seines Leibes in die Hände des liebenden Vaters und insofern der eigentliche Akt der Gottesverehrung des neuen Volkes Gottes, der Kirche.

In dem Maße, wie wir uns von der Liebe Jesu Christi zu den Menschen und zu Gott, dem Vater, ergreifen und verändern lassen, werden wir selbst zum »lebendigen Opfer« (Röm 12,1), zu einem Opfer, das nicht nur in der Stunde des sonntäglichen Gottesdienstes geschieht, sondern im ganzen mühsamen Lebensalltag.

Theodor Schneider

Ostern – die Utopie eines Reiches des Lebens, der Freiheit, der Brüderlichkeit und der vollkommenen Gotteskindschaft erweist sich jetzt als die einzig wirkliche Wahrheit. Die Auferstehung Jesu ist der Triumph derer, die entgegen jeder Hoffnung hoffen, derer, die glauben, ohne zu sehen, und derer, die das Unsichtbare lieben. Darum ist die Auferstehung die Konkretisierung des Gottesreiches unter den Menschen. Sie ist viel mehr als die Rückkehr eines Toten ins Leben; sie bedeutet die Erfüllung und Vollendung des menschlichen Lebens in Gott.

Der Auferstandene war kein Sieger, der auf seine großen Triumphe zurückblickt, sondern ein Geschlagener; kein Mächtiger, der nun seine Macht gesichert sieht, sondern ein Besiegter, der um Gottes willen und aus Liebe zu den Menschen, besonders zu den Ärmsten, gekreuzigt wurde. Aber Gott hat sich auf die Seite des Opfers gestellt.

Der Tote ist der Lebendige, der Geschlagene ist der Triumphierende. Gott hat durch die Auferstehung gezeigt, daß er das Alte neu machen, die Niederlage in den Sieg und den Tod ins Leben verwandeln kann. Daher verkünden wir die Einheit des österlichen Geheimnisses von Tod und Auferstehung Jesu als göttliches und menschliches Drama, in dem das Leiden, die

Krise und der Tod eine Rolle spielen; sie übermitteln uns die Überraschung des neuen und siegreichen Lebens.

Die Auferstehung erhellt den Sinn unseres Leidens. Sie ist die Antwort auf das Warum? unserer Opfer und unseres Verzichts. Sie deutet die Dunkelheit des Todes. Im Genuß von so viel Leben und in der Freude über so viel Licht können wir sagen: Das Opfer lohnt sich, der Tod ist nicht mehr fürchterlich. Gepriesen seien sie!

Von jetzt an können wir froh und hoffnungsvoll leben, weil wir wissen: Wir sterben, um aufzuerstehen! Die Auferstehung geschieht jetzt; sie ist ein laufender Prozeß. Ein Herz hat sich einem anderen Herzen in Liebe und Vergebung geöffnet? Hier ist die Auferstehung geschehen! Die Menschen haben untereinander gerechtere und brüderlichere Beziehungen hergestellt? Hier verwirklicht sich die Auferstehung! Es hat eine Verbesserung der Lebensumstände, besonders für die Unterdrückten und Abgeschriebenen, gegeben? Hier zeigt sich die Auferstehung! Jemand ist gestorben, der in seinem Leben gütig war oder sich für seine Brüder aufgeopfert hat? Hier ist die Auferstehung hell und klar hervorgetreten!

Das letzte Wort, das Gott sprach, um unser Schicksal zu besiegeln, war nicht Tod, sondern Leben.

Wir brauchen nicht mehr traurig zu sein. Säen wir Samenkörner der Auferstehung auf dem dunklen Boden unserer Ängste. Freuen wir uns! Christus ist auferstanden, damit wir mit ihm auferstehen! Amen. Halleluja!

Leonardo Boff

Die Auferweckung des Gekreuzigten und seine heutige Wirksamkeit im Geist bleiben eine Wirklichkeit, der widersprochen wird, weil sie der bestehenden Welt *wider*spricht und dieser *mehr* zuspricht, als sie von sich aus aufzuweisen hat. Auferweckung und Herrschaft Jesu sprengen die endliche Geschichte und durchbrechen deren Konstante, den Tod. Darum können sie an dieser bestehenden Wirklichkeit des Todes selber nicht objektiv verifiziert und bewiesen werden. Sie stellen aber darüber hinaus auch einen beständigen Angriff auf die bestehende Welt des Tötens und der Ungerechtigkeit dar. Darum kann ernsthafter Einsatz von Christen und Gemeinden für mehr Gerechtigkeit und für das Leben (in allen Bereichen und Dimensionen) zum *konkreten Zeichen* der Lebendigkeit Jesu werden. Der not-wendige Widerspruch der Auferstehung und Herrschaft Jesu zur Leidensgeschichte unserer Welt muß demzufolge aufrechterhalten werden, und zwar nicht nur im vorstellenden Denken, sondern vor allem – als praktischer Widerspruch – in der existentiellen Umkehr und im veränderten Handeln.

Gewiß, was Gott in der Auferweckung Jesu getan hat und durch den Auferstandenen weiter an uns tut, ist größer und reicht weiter, als wir in unserem Handeln realisieren können. Vom

Zwang, alles selbst bewerkstelligen zu müssen, werden wir durch Gottes Tat der Auferweckung und durch die aktive Gegenwart des auferstandenen Herrn in seinem Geist gerade befreit. Wir dürfen aus der zuvorkommenden Gnade und aus der Vergebung leben und immer wieder neu anfangen. So sind wir ermächtigt und zugleich aufgefordert zu den – vielleicht kleinen – Schritten eines dem alten Menschen abgerungenen, neuen Lebens, zum »Wandeln im Geist« des Herrn (Gal 5,16–25).

Die Auferweckung Jesu ist also nicht als isoliertes Ereignis an Jesus allein, sondern zugleich als Veränderung von Menschen in der Grundstruktur ihres Existierens zu begreifen. Sie ermöglicht und *initiiert eine neue Lebenspraxis* mitten in der alten Welt (2 Kor 5,17; Gal 6,15). Drei in sich zusammengehörige Grundvollzüge kennzeichnen diese neue Lebenspraxis: Glaube, Hoffnung und Liebe. *Glaubend* weiß sich der Jünger Jesu Christi vom Auferwecker-Gott unbedingt und unter allen Umständen (auch in Schuld und im Tod) angenommen, geliebt und gehalten; darum ist er befreit von jener fundamentalen Angst um sich selbst, die ihn auf die vergebliche Mühe der Selbstbegründung und totalen Selbstverwirklichung festnagelt und ihn so in sich selbst verstrickt. *Hoffend* ist er des neuen Lebens mit Christus beim Vater gewiß, kann er dem eigenen Tod entgegensehen und kann – ohne Verzweiflung, Resignation und Fatalismus, aber auch ohne Vermessenheit und gewalttätige Selbstüberforderung – dem kommenden Herrn und dem Reich Gottes hier und jetzt einen Weg bereiten. Dies versucht er immer neu in der konkreten Nachfolge Jesu, das heißt, indem er sich in den Dienst am Leben der Andern stellt, in persönlicher und politischer *Liebe*.

Wer an den auferweckten Gekreuzigten glaubt, wer Gott als die rettende Wirklichkeit für den getöteten Jesus behauptet, kann dies nur so tun, daß er diesen Gott zugleich – wie der irdische Jesus – als die rettende Wirklichkeit *für den andern Menschen* (wie für sich selbst: Mk 12,31) *praktisch in Anspruch zu nehmen wagt*. Ohne wenigstens den *Versuch* zur Anerkennung und Annahme auch des Andern, die dessen Unterdrückung ausschließt und die tätige Teilnahme an seinem Leid einschließt, ist die Rettung Jesu aus dem Tod *praktisch* geleugnet (vgl. z. B. Mt 7,15–23; 25,31–45; 1 Joh 3,13–18; 4,20). Die Bekehrung zu dem Gott, der den verlorenen Gekreuzigten auferweckt und zum Herrn gemacht hat, verlangt daher auch die Hinkehr zu den Verlorenen und Opfern unserer Herrschaftsgeschichte. Solange wir uns nicht für die geschundenen Mitmenschen und Mitgeschöpfe engagieren, bleibt unsere *Rede* von der Auferstehung Jesu unglaubhaft.

Die christlichen Kirchen gehen von Anfang bis heute nicht nur davon aus, daß Jesus einmal (»in Niedrigkeit«) geschichtlich greifbar da gewesen ist, und sie rechnen nicht nur mit seiner realen Gegenwart durch den Geist (»in der Verborgenheit« irdischer Zeichen), sondern auch damit, daß er der (»in Herrlichkeit«) Kommende ist, dem die Zukunft gehört. Darum blicken sie in ihrem Credo von jenem »er sitzt zur Rechten des Vaters« hoffnungsvoll nach vorn in die Zukunft: Er »wird kommen«. Und sie bekennen, daß der Geist Gottes und des Auferstandenen »die Auferstehung der Toten und das ewige Leben« bewirken werde. Der Geist werde, was an Jesus bereits geschehen ist, auch an uns und der ganzen Schöpfung vollbringen, damit Gottes Leben – ohne Auflösung des Gegenüber von Gott und Geschöpf – alles durchpulse und Gott so am Ende wirklich »alles in allen sei« (1 Kor 15,28).

Diese Hoffnungsaussagen sind nicht durch einen neugierigen (und doch vergeblichen) Blick in die Zukunft gewonnen. Sie gründen vielmehr in der bisherigen Glaubenserfahrung mit Jesus, dem irdischen und erhöhten, und mit seinem Gott; von diesen Erfahrungen her interpretieren sie das, was kommt. Jesus ist ja mit seiner Lebenspraxis und mit seiner realen Gegenwart in unsere Existenz eingetreten und schenkt uns durch seinen Geist die tiefgreifende Erfahrung von

Versöhnung und Befreiung. Damit aber gibt er uns einen Vorgeschmack der verheißenen universalen Freiheit und Liebe. Diese der Erfahrung mit Jesus entspringende Hoffnung auf das vollendete Gottesreich universaler Gerechtigkeit ist es, die vielen Geschundenen und Geplagten dieser Erde ebenso wie vielen, die sich für sie einsetzen, die Kraft gibt, weiterzumachen, selbst dann, wenn alles aussichtslos erscheint. »Die Herren der Welt gehen, unser Herr kommt!« Umgekehrt dürfen gerade diejenigen, welche jetzt alles in ihren Kräften Stehende tun, um Unrecht und Leid zu mindern und um Leben (Überleben und menschenwürdiges Leben) zu ermöglichen, auch von ihrer Hoffnung auf das endgültige Kommen des (von Jesus verkörperten) Gottesreiches sprechen, ohne damit in den Verdacht des Verrates am Diesseits und an seinen Aufgaben zu geraten. Ja, sie dürfen – der (durch Jesu Tod und Auferstehung) schon geschenkten Befreiung eingedenk und auf die universale Befreiung (durch sein »Kommen«) ausgerichtet – jetzt schon immer wieder »das Fest der Befreiung feiern« (zu Ostern und am »Herrentag«).

»Er wird kommen«: das ist ein kühner Satz und, da die Parusie scheinbar allzu lange ausbleibt, ein für viele kraftlos gewordener Satz. »Parusie« heißt »Ankunft« und »Gegenwart«. Die geläufige

Übersetzung »Wiederkunft« führt von der gemeinten Sache insofern weg, als sie eine jetzige Abwesenheit Jesu und Gottes unterstellt. Sachgemäßer ist es, mit Karl Barth drei Weisen der erneuten Ankunft Jesu nach Tod und Auferstehung zu beachten: (1) seine kleine, aber grundlegende Ankunft (Parusie) in den sogenannten Ostererscheinungen, in denen er sich durch seine Begegnung in die Erfahrung und das Zeugnis der Urzeugen hinein geoffenbart hat; (2) seine ständige verborgene Ankunft durch den Geist (im notleidenden Mitmenschen; wo zwei oder drei in seinem Namen zusammen sind; wo sein Wort verkündet und die Eucharistie gefeiert wird); (3) seine endgültige Ankunft »in Herrlichkeit«, den machtvollen Durchbruch seiner schon jetzt gegebenen Geistgegenwart, durch den die Welt in die vollendete Gottesherrschaft verwandelt wird.

Die Erwartung der endgültigen Parusie des auferstandenen Herrn bildet somit die Konsequenz und Steigerung seiner jetzigen – noch unter Niedrigkeit und Zweideutigkeit verborgenen – Anwesenheit und Aktivität durch den Geist. Was jetzt noch verborgen und angefochten ist, muß für alle Welt offenbar hervortreten; was vorerst nur sporadisch und bruchstückhaft zum Tragen kommt, muß universale und volle Wirklichkeit werden. Die gesamte Welt wird unverhüllt dem Jesus Christus begegnen, dem sie jetzt schon verhüllt begegnen kann. Mit ihm aber, dem Bringer der grenzenlos gütigen Nähe Gottes (der Gottesherrschaft), wird die vollendete *Gottes*herrschaft endgültig ankommen und für alle Welt offenbar sein. Die »Parusie des (erhöhten) Herrn«, von der das Neue Testament spricht, meint also nicht das siegerhafte In-Erscheinung-Treten eines isolierten Einzelnen, sondern das alles verändernde Hervortreten des von Jesus angesagten und zugleich verkörperten Gottesreichs.

Wenn wir mit Apg 10,42 im Credo den erhöhten Herrn als den »kommenden Richter der Lebenden und Toten« bekennen, besagt dies vor allem dreierlei: (1) Die Geschichte der gesamten Welt wird im Sinne *Jesu* und seiner solidarischen Lebenspraxis entschieden werden; es wird ans Licht kommen, daß die liebende Hinwendung zum Anderen, insbesondere zum Bedürftigen, der Sinn des Lebens ist und daß ein Leben in Lieblosigkeit, mag es noch so erfolgreich scheinen, nichtig ist »wie ein Traum, der beim Erwachen verblaßt« (Ps 73,20). (2) Daß *Jesus* (der restlos Liebende, der am Kreuz den Fluch der Schuld selbst übernommen hat) der Richter ist, ist die *ganze* Hoffnung, die wir Schuldigen haben können (1 Thess 1,10; Röm 8,31–35); Gott wird in Christus beim Gericht noch einmal liebendschöpferisch (und nicht re-agierend, vergeltend) handeln (vgl. 2 Tim 2,13) und uns – durch die neuschaffende Glut seines Geistes – zur Gemeinschaft mit Christus und mit sich selbst bereiten. (3) So wird die Parusie Jesu die universale Manifestation seiner Auferstehung und der Kraft seines Auferstehungslebens an uns und der ganzen Schöpfung bedeuten.

Nicht schon die überlieferte apokalyptische Erwartung einer zukünftigen Totenauferstehung, sondern erst Gottes definitive Selbstfestlegung gegenüber der Welt durch die Auferwekkung Jesu begründet unsere Hoffnung für die Toten und für uns selbst: »Wir wissen, daß der, welcher den Herrn Jesus auferweckt hat, auch uns mit Jesus auferwecken« und »mit ihm zusammenführen wird« (2 Kor 4,14; 1 Thess 4,14). Er wird es tun »durch seinen Geist, der (schon) in uns wohnt«, den wir als »Erstlingsgabe« und »Unterpfand« unserer vollen, leibhaftigen Erlösung empfangen haben (Röm 8,11.23; 2 Kor 1,21 f; 5,5). Die schon geschenkte Rechtfertigung verbürgt die endgültige Rettung (Röm 5,9 f). Das unbedingte Angenommen- und Gehaltensein durch Gott, das uns in der lebendigen Beziehung zu Jesus Christus (»in Christus«) jetzt schon zuteil wird, stellt die Lebensgemeinschaft mit Gott (und die Eröffnetheit für die Anderen) dar, die auch der biologische Tod nicht mehr zerstören kann, die vielmehr im Zusammensein mit dem auferweckten Herrn (»mit Christus«) beim Vater ihre Vollendung finden wird. Aber nicht nur Christen, auch solche, die Jesus nie gekannt haben und ihm dennoch in ihrem Dienst an den Armen nahe waren, werden – unverhofft – mit ihm am Reiche Gottes teilhaben (Mt 25,31–45). Die von uns Christen erhoffte endgültige Christusgemeinschaft ist kein schön ersonnener, aber utopisch-illusionärer Wunschtraum. Sie wurzelt vielmehr in der Wirklichkeit der Auferstehung Jesu. Diese ist ihr Erkenntnis- und ihr Realgrund.

Umgekehrt betrachtet ist die Auferstehung Jesu selber noch unabgeschlossen und unvollendet. Zu ihrem intendierten Ziel kommt sie erst, wenn Sünde und Tod endgültig vernichtet sind (Jes 25,8; 1 Kor 15,25 f), also in der Auferstehung der »vielen Brüder« und Schwestern Jesu (Röm 8,29) und ihrem Zusammensein mit Christus beim Vater einerseits, in der Erlösung der gesamten Schöpfung andererseits. Nach Paulus wartet ja alles Geschaffene – sehnsüchtig unter seinen Leiden stöhnend – auf das offene Hervortreten der universalen, angst- und leidfreien Gemeinschaft der Söhne und Töchter Gottes, und dies deswegen, weil es seinerseits erst in ihr seine eigene Befreiung vom Verderben und Sterben finden kann (Röm 8,19–22). Alles wartet auf den

Geist Gottes und des Auferstandenen, daß er »das Angesicht der Erde erneuere« (Ps 104,30) und »alles neu mache« (Apk 21,5).

Die so kühnen und gewagten Sätze vom Kommen des Auferstandenen und von dem alles erneuernden Geist besagen demnach, daß die Bewegung der Liebe Gottes, die in Jesu Leben, Sterben und Auferstehung gegen die Mächte der Zerstörung angetreten ist und in Jesu Geist fortan gegen sie angeht, den Sieg davontragen wird und daß so die leidvolle Geschichte der Menschheit und der gesamten Schöpfung in Christus ihre – von vielen schon verlorengegebene – *Erlösung* finden wird. Am Ende wird, um es in Bildern zu sagen, der von der Welt Gekreuzigte mit seinen ausgebreiteten, weit offenen Armen alle empfangen; mehr noch: er wird uns alle kraftvoll an der Hand fassen und uns (mit dem belebenden »Atem« seines Geistes) in den Zug seines Lebens hineinnehmen.

Das alles ist Verheißung und Hoffnung. Bisher sind wir nur »auf Hoffnung hin gerettet« (Röm 8,24), und diese Hoffnung muß oft genug »wider alle Hoffnung« ihr Trotzdem setzen (Röm 4,18). Diese Verheißung und Hoffnung ist es jedoch, die Unruhe in unser Dasein bringt und es auf ein Ziel ausrichtet. Sie bricht in den zutiefst hoffnungslosen Leerlauf einer Gesellschaft ein, die bald nur noch ununterbrochene Betriebsamkeit und Berieselung kennt: den ständigen persönlichen und gesellschaftlichen Fortschritt ohne lohnendes Ziel, die Füllung der inneren Leere durch beziehungs- und kommunikationslosen Konsum der sogenannten Kommunikationsmedien und Freizeitangebote, wahre Götzen, die erfüllte Zeit vorspiegeln. Der Glaube an den auferstandenen, gegenwärtigen Herrn und die Hoffnung auf seine Zu-kunft verändern die inhaltslose Langeweile in die dicht gefüllte, geschenkte Zeit, in die vom Herrn bestimmte Zeit der Liebe. Für die Situation der von Jesus bestimmten Gemeinden und Christen ist deshalb das Wort des Erhöhten kennzeichnend: »Siehe, ich stehe vor der Tür und klopfe an« (Apk 3,20). Er steht schon vor der Tür: »Die Zeit, in der die Menschen jetzt noch sind, ist gerade nur noch die Zeit zwischen seinem Anklopfen und Hereintreten«, das alle überraschen wird (K. Barth). Das Anklopfen verändert für den, der es hört, die ganze Situation. Wir haben nur noch wenig Zeit.

Das Zusammensein mit Christus bei Gott, das wir mit dem Neuen Testament und dem Credo »ewiges Leben« nennen, ist für viele Christen selber eine langweilige, unattraktive Vorstellung geworden. Max Frisch beschreibt diese Vorstellung in seinem »Triptychon«: eine banale, monotone, erwartungslose, entsetzliche »Ewigkeit«.

Denn es ist entsetzlich, endlos der zu bleiben, der ich gewesen und geworden bin. Und es ist entsetzlich, immer das gleiche und dasselbe zu erleben. Aber nicht die Festschreibung und ständige Wiederholung des Vergangenen meint das »ewige Leben«, sondern seine Verwandlung; nicht die »Verewigung« unserer irdischen Minuten, sondern ihre Vollendung. Diese Vollendung jedoch bringt nicht ein monotones Einerlei, sondern – wie das Neue Testament uns zu verstehen gibt – ständige freudige Überraschung. Vollendung heißt ja nicht, daß die Faszination zu Ende, der Schwung und Reiz dahin sind (wie etwa dort, wo wir ein Werk, bei dem wir gespannt und ganz dabei waren, in der Zeit beendet und vollendet haben). Das ewige Leben darf nicht nochmals in *zeitlichen* Kategorien gedacht werden. Es führt deshalb in die Irre, wenn wir es uns als einen *Zustand nach* der Vollendung vorstellen. »Nicht irgendein Zustand nach der Vollendung ist Gleichnis des ewigen Lebens, sondern das Ereignis der Vollendung selber. Essen, wenn der Magen knurrt, das ist himmlisch; von der himmlischen Sattheit spricht Jesus nicht, sondern vom himmlischen Festmahl« (J. Kuhlmann). Gleichnis des ewigen Lebens ist nicht der Zustand der Gesundheit, sondern das Ereignis der Genesung nach langer Krankheit, nicht der Zustand der gewohnten Bewegungsfreiheit, sondern das plötzliche Befreitwerden aus langer Fesselung. Der *beglückende Augenblick* der Vollendung also kann ein schwaches (noch einmal zeitliches) *Anschauungsmodell* für die (nicht zeitliche, aller Zeit überlegene) unanschauliche Ewigkeit abgeben.

Ewiges Leben meint höchste Lebensintensität und grenzenloses, ungetrübtes Glück, »Leben in Fülle« (Joh 10,10). Einen Schimmer davon mögen wir vielleicht einmal in einer beglückenden Bewegung, auf einem gelungenen Fest oder in einer Stunde großen Beschenktseins erfahren haben. Verglichen mit dem aber, was sein wird, sind alle unsere Erfahrungen Stückwerk, unsere Bilder und Beschreibungen hilflos: »Was kein Auge geschaut und kein Ohr gehört hat und was in keines Menschen Herz emporgestiegen ist (oder: keinem Menschen in den Sinn gekommen ist), das hat Gott denen bereitet, die ihn lieben« (1 Kor 2,9). Die Richtung indessen und die Grundstruktur, die das ewige Leben kennzeichnen, sind in Jesu Leben, Hingabe und Auferstehung bereits sichtbar geworden. Welches ist diese Grundstruktur?

Wenn Jesus das ewige Leben im vollendeten Gottesreich charakterisiert, gebraucht er Bilder vom vertraut-festlichen (Gast-, Freundes-, Hochzeits-)*Mahl,* Bilder der Freundschaft, der Zuwendung zueinander und der Freude aneinander. »Ich werde vom Gewächs des Weinstocks . . . neu (mit euch) trinken im Reiche Gottes« (Mk 14,25), die Völker werden von überall her kommen und dort mit den Erzvätern zu Tische sitzen (Mt 8,11); niemand wird sich über den Andern erheben, jeder gern den Andern bedienen; niemand wird mehr ausgeschlossen sein, die einst Erniedrigten werden zuvorderst dabei sein (Lk 14,7–14. 16–23; 22,24–30 par; Joh 13,1–17). Wo das heute praktiziert wird, spürt man schon etwas von der künftigen Freude: »Selig, wer am Mahl im Reiche Gottes teilnehmen wird« (Lk 14,15). Die frühe Christenheit kennt noch weitere derart universal-kommunikative Hoffnungsbilder: das Bild von den »vielen Wohnungen in des Vaters Haus« (Joh 14,2 f), das alte Bild vom Paradies, wo der gestörte Friede zwischen Mensch und Mensch, Mensch und Natur wiederhergestellt ist (Lk 23,42 f), das großartige Hoffnungsbild von der *»neuen Stadt«* (Apk 21,1–22,5). In ihr walten Friede und Gerechtigkeit, sie ist Ort friedlicher Begegnung der Völker; ihre Tore können Tag und Nacht offenstehen, weil keiner mehr vor dem Anderen Angst haben muß; in ihr fließt das »Wasser des Lebens, klar wie Kristall«, die Gegenwart Gottes erwärmt und erhellt sie. »Siehe da, die Wohnung Gottes bei den Menschen; er wird bei ihnen wohnen, und sie werden sein Volk sein, und Gott selbst wird bei ihnen sein. Und er wird abwischen alle Tränen von ihren Augen, und der Tod wird nicht mehr sein, noch Leid noch Klage noch Schmerz« (Apk 21,3 f).

Kennzeichen der erhofften Vollendung ist demzufolge (1) zunächst und grundlegend die *universale Gemeinschaft* der Menschen (und aller Geschöpfe) miteinander *in heilgewordenen Beziehungen*. Das ewige Leben öffnet das individualistisch-egoistisch vereinzelte Ich für alle Anderen in der großen Familia Dei. Gewiß dürfen wir da ein beglückendes »Wiedersehen« mit unseren Lieben erleben, aber das Wiedersehen mit den Anderen, den bisher Ungeliebten, die Nähe zu den bislang Fernen, wird in der großen »Gemeinschaft der Heiligen« nicht weniger erfüllend sein. Kennzeichen des ewigen Lebens ist sodann (2) das (von Gott und allen) *Erwünscht- und Geliebtsein eines jeden Einzelnen*: frei von allen Gebrechen und drückenden Lasten darf er ganz er selbst und heil sein; jetzt endlich findet er seine wahre Identität und volle Integrität (was Apk 2,17 mit dem Empfang eines »neuen Namens« ausdrücken mag): »dann werde ich Mensch sein«, frohlockt Ignatius von Antiochien auf dem Weg zum Martyrium.

Dies alles ist (3) nur möglich, weil wir »daheim beim Herrn sein« werden, wie Paulus – aus rastloser Mühe und Wanderung in der Fremde ausschauend auf ein Ausruhenkönnen in wirklicher

Heimat – schreiben kann (Phil 1,23; 2 Kor 5,8). Das *Zusammensein mit Christus in der äußersten Nähe Gottes* wird unser Selbst- und Menschsein sowenig zerstören wie das Menschsein des auferweckten Jesus. Gott ist seiner Identität so sicher, daß er seinen Geschöpfen – ohne das freie Gegenüber der Liebe einzuebnen – einen Platz bei sich einräumen, sie zu sich erheben und neben sich mit Christus »herrschen« lassen kann (Röm 5,17). Nicht Knechte eines Fremden, der *über* sie oder gar als strenges Überich *in* ihnen herrscht, werden sie sein, sondern Freunde, Söhne und Töchter, »Miterben« (Gal 4,7), Mitherrscher. Gottes vollendete, universale »Herrschaft« wird folglich gerade darin bestehen, daß alle Auferweckten und Erlösten an ihr teilhaben und aufrecht gehen können. Nichts als die Liebe wird dann »herrschen«, die Liebe Gottes und die der Menschen. Die Menschen werden in das unendlich weite und bewegte Leben der Liebe Gottes so aufgenommen sein, daß sie in freiem Zu- und Miteinander nun endlich unentfremdet erlöste Menschen sein können. Und gerade so wird »Gott alles in allen sein« (1 Kor 15,28).

Die Gewißheit der eigenen Auferstehung und des ewigen Lebens darf das Leben der Christen bestimmen. Sie kann beispielsweise, da der Christ nicht aus dem jetzigen Leben alles für sich herausholen muß, wieder – wie einst in der Alten Kirche – zu der dringend nötigen *asketischen Kultur* verhelfen, zum freiwilligen Verzicht und tätigen Einsatz zugunsten der Ärmsten in der Welt. Sie kann uns dazu befreien, unser Leben in den Dienst der Gottesherrschaft zu stellen und auf den Tod in dem Vertrauen zuzugehen, daß wir auf den Herrn und auf Gott zugehen. Sie kann auch dazu beitragen, daß wir uns beim *Sterben* eines geliebten Mitmenschen und Mitchristen nicht von der Trauer überwältigen und aus der Bahn werfen lassen. In der Kirche der ersten Jahrhunderte wurde die Totentrauer kritisiert: beim Sterben eines Mitchristen sollen – trotz des unleugbaren Schmerzes – Dankbarkeit, Gotteslob und Freude herrschen; die Todestage verstorbener Christen wurden als ihre eigentlichen *Geburtstage* gefeiert, die heitere christliche Grabkunst zeigt den Tod nicht als düsteren Abbruch, sondern als Heimgang zu Christus und Gott.

Alle, die – bewußt oder unbewußt – in Christus gestorben sind, sind jetzt schon leibhaftig bei ihm (vgl. Phil 1,23) und im Leben des trinitarischen Gottes. Sie sind damit nicht einfach nur in der »ewigen Ruhe« (wie ein bekanntes Gebet für die Toten nahelegt), obgleich ihre Sehnsucht nach Ausruhenkönnen von aller Mühsal Erfüllung findet. Wenn sich nämlich der auferstandene, erhöhte Herr noch im Kampf mit den zerstörenden Mächten dieser Welt und für das wahre Leben befindet, dann sind auch diejenigen, welche schon bei ihm sind, nicht untätig. In einer anderen, noch intensiveren Weise als früher *sind sie bei uns* in unseren Kämpfen und begleiten uns hilfreich auf unseren Wegen. Hier liegt der tiefe Sinn einer gelebten Beziehung auch zu Heiligen und Schutzpatronen und darüber hinaus zu all unseren anderen Verstorbenen, die zu Lebzeiten in der Hilfe für andere aufgegangen und nun als Vollendete gewiß nicht weniger solidarisch mit uns sind. Wenn wir uns unserer Toten erinnern, ihre Bilder anschauen, so dürfen wir gewiß sein, daß sie sich jetzt noch inniger um uns kümmern als damals. Daß wir dieser Unterstützung zumeist nicht gewahr werden, spricht nicht gegen sie. Wir tun gut daran, uns unter diesen Toten Freunde und Brüder zu bewahren oder gar zu suchen und *mit* diesen (lebenden!) Toten zu leben.

Das neue Leben im Einflußbereich des Auferstandenen, in welchem das ewige Leben sich vorwegentwirft, will nicht nur realisiert, es will auch und sogar zuerst symbolisch repräsentiert und – *gefeiert* werden.

Ostern ist seit den Tagen der Urgemeinde das Fest der Befreiung, das Fest der Freude an Gottes Treue und Liebe zu seinen Geschöpfen, das Fest des Gotteslobs ob der Herrlichkeit des auferweckten Jesus, an der wir und alle Schöpfung teilnehmen sollen (Phil 3,21) und deren Vorschein uns in der Freiheit zu neuem Leben zuteil wird. Seit alters rühmen darum die Osterlieder den Sieg des Lebens und der Liebe, verlachen den Tod, weil er – trotz seines Wütens – durch Jesu Auferstehung zum Spott geworden ist, und provozieren die Herren der Welt. Schon das älteste uns überlieferte Osterlied zeigt das: »Tod, wo ist dein Stachel, Tod, wo ist dein Sieg!« (1 Kor 15,55). Und bis heute heißt es: »Andere Lieder wollen wir singen, feiern das Fest der Befreiung; der Herr führt uns auf neues Land, die Träume werden wahr.« Zu Jubellied und Osterlachen gesellen sich österliches Spiel und Tanz, bei dem nach Hippolyt von Rom (um 220 n. Chr.) der Auferstandene selber der »Vortänzer« und die Kirche seine »mittanzende Braut« ist.

Fast noch wichtiger ist das wöchentliche Fest der Befreiung, der *Sonntag,* oder besser: der »*Herrentag*« (Apk 1,10). Er wird schon früh gefeiert als »der achte Tag«, an dem Jesus von den Toten auferstand, und damit – in Überwindung des im Sabbat kulminierenden alten Wochenschemas – als der Anfang einer neuen Welt. Seiner Bedeutung nach ist darum der Herrentag immer der »erste Tag der Woche« (Mk 16,2 par; 1 Kor 16,2). Er soll nach Ignatius von Antiochien das ganze Leben der Chisten prägen: »Zu neuer Hoffnung gelangt, halten sie nicht mehr den Sabbat, sondern leben gemäß dem Herrentag, an dem auch unser Leben aufging.« Das Zentrum dieses Tages bildet die *Feier der Eucharistie* in der ganzen versammelten Gemeinde und in Gemeinschaft mit der gesamten »Gemeinschaft der Geheiligten«, derer, die noch Pilger auf dieser Erde, und derer, die bereits vollendet sind. Im großen Lobpreis und in der großen »Danksagung« (Eucharistie) an den Vater ist der Auferstandene in der Mitte der Seinen, sitzt mit ihnen zu Tisch und teilt sich ihnen mit, so daß seine Hingabe sie erneut zu prägen und das neue Leben der Auferstehung sie zu verändern beginnt. So wird das Herrenmahl zum Zeichen der Freiheit und der Hoffnung, zum Präludium der Vollendung.

Die Auferstehung will gefeiert werden, nicht nur an Ostern, sondern jeden Sonntag (in der Gemeinde als ganzer, in der Familie, in der Nachbarschaft usw.). Ohne die Feier des Festes der Befreiung wird die Nachfolge Christi im Alltag zur freudlosen und gesetzlichen Angelegenheit. In der festlichen Feier wird etwas vorweggenommen, was so im alltäglichen Leben noch nicht vorkommt: die zukünftige erlöste und gelöste Gemeinschaft. Die Zwänge und Nötigungen dieser Welt werden für eine Weile außer Kraft gesetzt. Eine *Alternative* des versöhnten, geöffneten Miteinanders wird – wo es recht zugeht – bruchstückhaft sichtbar. Sie kann als *Gegenbild* ins alltägliche Leben hineinwirken, kann – ohne zur Vertröstung zu geraten – trösten, ermutigen und tiefer als zuvor in die helfende Solidarität mit den Anderen, vor allem mit den Leidenden, hineinführen.

Weil das Geschenk des neuen Lebens, das die Auferweckung Jesu uns eröffnet, *größer ist und weiter reicht,* als wir in der praktischen Veränderung unseres Lebens und unserer Welt realisieren können, darum feiern wir sie. Wir freuen uns an der zuvorkommenden und tragenden Nähe Gottes, an der befreienden und motivierenden Gegenwart des auferstandenen Herrn und an den Wirkungen seines Geistes in unserer Mitte, *ehe* wir aus all diesem zu leben, zu denken und zu handeln versuchen. Seine Gnade geht unserer Praxis allemal voraus. Der Apostel hat recht: »*Freuet euch* im Herrn allezeit; abermals sage ich: Freuet euch! Laßt alle Menschen eure Freundlichkeit erfahren, der Herr ist nahe!« (Phil 4,4 f). »Seid fröhlich in der Hoffnung, geduldig in der Trübsal, beharrlich im Gebet!« (Röm 12,12). »Saget allezeit Gott, dem Vater, Dank für alles im Namen Jesu Christi, unseres Herrn« (Eph 5,20).

Hans Kessler

Die Texte dieses Bändchens sind, geringfügig gekürzt, folgenden Büchern entnommen:

Leonardo Boff, Kreuzweg der Auferstehung. Bilder von Nelson Porto, Düsseldorf: Patmos Verlag, 2. Auflage 1986, 11–18 und 76 f. (Seiten 7–20 und 42–42)

Leonardo Boff, Aus dem Tal der Tränen ins Gelobte Land. Der Weg der Kirche mit den Unterdrückten, Düsseldorf: Patmos Verlag, 4. Auflage 1986, 251–256 (Seiten 21–27)

Hans Kessler, Sucht den Lebenden nicht bei den Toten. Die Auferstehung Jesu Christi in biblischer, fundamentaltheologischer und systematischer Sicht, Düsseldorf: Patmos Verlag, 2. Auflage 1987, 402–416

Theodor Schneider, Was wir glauben. Eine Auslegung des Apostolischen Glaubensbekenntnisses, Düsseldorf: Patmos Verlag, 2. Auflage 1986, 258–267.

»Jesus am Kreuz« ist entnommen dem Band: Tage zwischen Tod und Auferstehung. Geistliches Jahrbuch aus Lateinamerika, hrsg. von Horst Goldstein, Düsseldorf: Patmos Verlag, 1984, 145.

CIP-Kurztitelaufnahme der Deutschen Bibliothek
Leben, Tod und Auferstehung:
Betrachtungen zur Passions- u. Osterzeit
von Leonardo Boff, Hans Kessler u. Theodor Schneider. –
1. Aufl. – Düsseldorf : Patmos Verl., 1988
ISBN 3-491-77692-9
NE: Boff, Leonardo [Mitverf.]; Kessler, Hans [Mitverf.];
Schneider, Theodor [Mitverf.]

 1. Auflage 1988
Umschlagentwurf: Peter J. Kahrl, Neustadt/Wied
Umschlagillustration: Romanisches Vortragekreuz
(Münster, um 1200)
Gesamtherstellung: Lengericher Handelsdruckerei,
4540 Lengerich/Westf.
3-491-77692-9